LAS MONTAÑAS

Alexis Roumanis

El enriquecido libro electrónico AV² te ofrece una experiencia bilingüe completa entre el inglés y el español para aprender el vocabulario de los dos idiomas.

This AV² media enhanced book gives you a fully bilingual experience between English and Spanish to learn the vocabulary of both languages.

Spanish

English

Navegación bilingüe AV²
AV² Bilingual Navigation

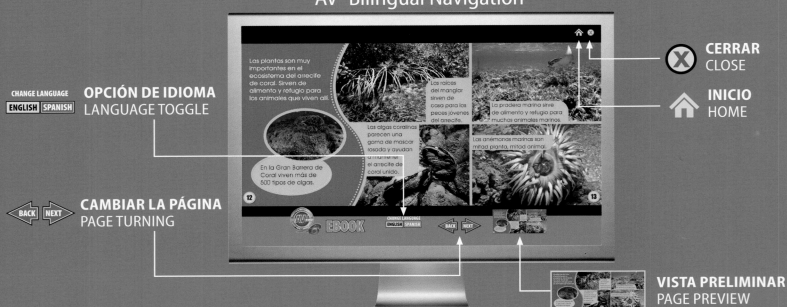

CHANGE LANGUAGE
OPCIÓN DE IDIOMA
LANGUAGE TOGGLE

CAMBIAR LA PÁGINA
PAGE TURNING

CERRAR
CLOSE

INICIO
HOME

VISTA PRELIMINAR
PAGE PREVIEW

LAS MONTAÑAS

ÍNDICE

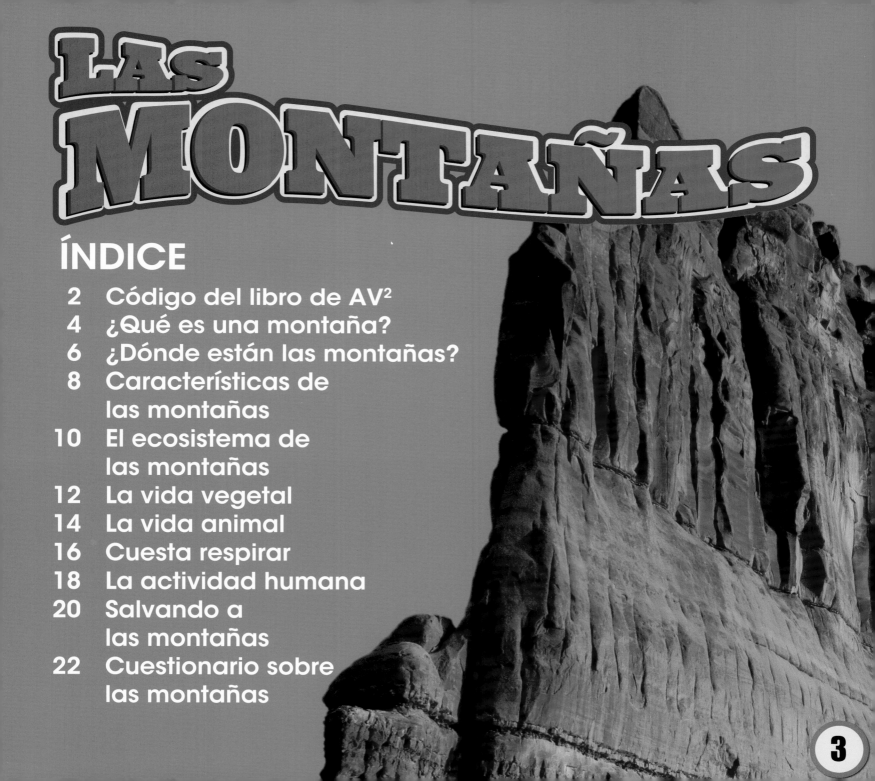

Esta es una montaña.
Una montaña es una porción
de tierra mucho más alta que
la tierra a su alrededor.

La mayoría de las montañas se encuentran en grupos llamados cadenas montañosas. Hay muy pocas montañas que están solas.

La cadena montañosa más larga es la Cordillera de los Andes, en América del Sur.

Las montañas están formadas principalmente por rocas. Por lo general, tienen laderas empinadas y picos cubiertos de nieve.

La mayoría de las montañas mide más de 1.000 pies (305 metros) de altura.

Las urracas quitan las garrapatas de la piel del alce y se las comen.

Los lobos suelen compartir su comida con los cuervos.

La rana arbórea gris puede cambiar de color para parecerse a las hojas.

El ecosistema de la montaña es un lugar formado por animales y plantas que se necesitan mutuamente para vivir.

Los osos negros comen diferentes tipos de bayas.

El puma come animales grandes y pequeños.

Las plantas son muy importantes en el ecosistema de la montaña. Sirven de alimento y refugio para los animales que viven allí.

Los granos de café suelen cultivarse en las montañas.

En los Estados Unidos, es muy común encontrar una flor de montaña llamada la escalera de Jacob.

Los alerces cambian de color y pierden sus hojas en el otoño.

El musgo ayuda a conservar el agua en el suelo para otras plantas.

El abeto Douglas de las Rocosas puede crecer hasta 82 pies (25 metros) de altura.

Las cabras de montaña pueden saltar a casi 12 pies (3,5 metros) de distancia.

Los leopardos de las nieves tienen patas anchas que los ayudan a caminar por la nieve.

El carbonero montañés come más antes del invierno para mantener el calor.

14

En las montañas viven muchos tipos de animales diferentes.

Las marmotas duermen todo el invierno y se despiertan en la primavera.

Los pandas rojos comen mayormente bambú.

A los animales y las personas les cuesta respirar en lo alto de una montaña. En las montañas hay menos aire que cerca del mar.

La montaña más alta del mundo es el Monte Everest.

Los mineros excavan las montañas en busca de carbón. Algunos animales pierden sus hogares cuando los mineros hacen las excavaciones.

Hay puentes especiales para ayudar a los animales a cruzar los caminos de montaña sin peligro.

A veces, la gente deja basura cuando camina por los senderos de las montañas. Los guardaparques ayudan a mantener las montañas limpias.

Los guardaparques también le enseñan a la gente cómo protegerse de los animales en estado natural.

Cuestionario sobre las montañas

Descubre qué has aprendido sobre los ecosistemas de las montañas.

Encuentra estos animales y plantas de montaña en el libro. ¿Cómo se llaman?

¡Visita www.av2books.com para disfrutar de tu libro interactivo de inglés y español!

Check out www.av2books.com for your interactive English and Spanish ebook!

1 **Entra en www.av2books.com**
Go to www.av2books.com

2 **Ingresa tu código**
Enter book code

S 9 2 4 6 7 4

3 **¡Alimenta tu imaginación en línea!**
Fuel your imagination online!

www.av2books.com

Published by AV² by Weigl
350 5ᵗʰ Avenue, 59ᵗʰ Floor New York, NY 10118
Website: www.av2books.com

Library of Congress Control Number: 2015953901

ISBN 978-1-4896-4314-8 (hardcover)
ISBN 978-1-4896-4315-5 (single-user eBook)
ISBN 978-1-4896-4316-2 (multi-user eBook)

Printed in the United States of America in Brainerd, Minnesota
1 2 3 4 5 6 7 8 9 0 19 18 17 16 15

112015
101515

Project Coordinator: Jared Siemens
Spanish Editor: Translation Cloud LLC
Designer: Mandy Christiansen